Spring/Heißerer **Von der Kraft des Mondes**

Anselm Spring / Dirk Heißerer

Von der Kraft des Mondes

Bilder und Worte

Fotografien von Anselm Spring
Auswahl der Texte und Vorwort von Dirk Heißerer

IRISIANA

IRISIANA

Eine Buchreihe herausgegeben von
Margit und Rüdiger Dahlke

Die Deutsche Bibliothek - CIP-Einheitsaufnahme

Von der Kraft des Mondes : Bilder und Worte /
Anselm Spring / Dirk Heißerer. - München : Hugendubel, 1997
(Irisiana)
ISBN 3-88034-987-8

Umschlaggestaltung: Zembsch' Werkstatt, München, unter
Verwendung eines Motivs von Anselm Spring
Satz, Layout, Litho: XPage DTP-Service, Fürstenfeldbruck
Druck und Bindung: Mohndruck, Gütersloh
Printed in Germany

ISBN 3–88034–987–8

Kleine Mondgeschichte

Es wandelt voll Liebe im Leben
Die Sonn' und das Mondlicht herauf;
Doch, wenn wir das eigne nicht geben,
Schließt nimmer der Schatz sich uns auf.

CLEMENS BRENTANO

Der Mond, das Licht der Nacht, ist der Seelenspiegel des Menschen. Alle Freude, alles Leid seiner wechselvollen Lebensfahrt im dunklen kosmischen Raum kommt ihm beim Anblick des veränderlichen Erdbegleiters zu Bewußtsein. Im Zauberwort der Dichter werden die vielfältigen Formen der Besinnung und stärkenden Erkenntnis bewahrt. Die vorliegende Auswahl von Gedichten aus mehreren Jahrhunderten soll das Zeitlose mit dem Gegenwärtigen verknüpfen und über den schönen Klang, die Musik der Worte hinaus in Verbindung mit den suggestiven Lichtzeichnungen Anselm Springs das romantische Motiv in seiner vielfachen Kraft sichtbar werden lassen.

Mondgedicht

Das Beschwörende, Magische oder gar nahezu Schamanische der Dichtung hat sich noch in den meisten Versen erhalten, die an den Mond gerichtet sind. Der Mond ist das „Geisterlicht" (Albrecht Goes) oder das „Schauerlicht" (Goethe); er ist aber auch der „Gedankenfreund" (Klopstock) oder der Zechkumpan des einsamen Dichters (Li Tai-Pe). Er leuchtet den Liebenden wie den Dieben, vor allem aber ist er „ein Zauberer und ein Freund der Zauberer" (Ernst Jünger). Er inspiriert, regt an oder tröstet, stimmt verhalten oder euphorisch, und isoliert den Dichter, mehr noch als sonst üblich, vom üblichen Treiben der Menschen.

Kein Wunder also, daß die Muse mit dem Mond verwandt ist, und daß Orpheus, der Sänger, Museos hieß oder Mondmann. Wer mit dem Mond im Bunde steht, ist in jedem Fall verrückt, steht außerhalb der Ordnung. Ob epileptisch, also mondkrank, oder bloß lunatisch, also mondsüchtig veranlagt – der Mond gibt keine Sicherheit. Er ist Symbol des Wandels, der Unsicherheit, der Gefahr, aber auch des Trostes, der Hoffnung, der weiblich–mütterlichen Fruchtbarkeit.

Eine Grundform menschlichen Denkens ist die Sympathie, das Mit–Leiden durch Bezug und Vergleich. Der aufgehende Mond galt daher schon immer als Zeichen für das Werden, für das Einpflanzen und Beginnen; der abnehmende Mond für das Vergehen, für das Ernten und Beenden. Am deutlichsten wird diese Bewegung auf der Erde im Wechsel von Ebbe und Flut. Das Wasser in seiner unablässigen Bewegung und Verwandlung spiegelt das direkte

Sonnenlicht wie das indirekte Mondlicht und steht so in konkretem wie symbolischem Verhältnis zum Mond.

Der Mond ist in vielen Sprachen weiblich. Auch bei uns wird häufig das Wort „Mondin" für die „Luna" verwendet. Dazu steht noch die Menstruation der Frau – das Wort bedeutet „Mondwechsel" – in derart direktem Bezug zum Mond, daß bei einigen Naturvölkern sogar die Überzeugung entstand, der Mond sei auch für die Schwangerschaften verantwortlich zu machen. Kein Wunder also, daß Friedrich Leopold Graf zu Stolberg den Mond im Gedicht an seinen Bruder mit „unsrer Mutter Blick" in Verbindung bringt. Und poetisch wahr ist es ebenso, wenn einerseits der Mond in Shakespeares „Sommernachtstraum" als „der Fluten Oberherr" bezeichnet wird, und andererseits Robert Walser in einer seiner „Kleinen Dichtungen" das Wasser „die Freundin des Mondes" nennt.

Das Wort „Mond" kommt vermutlich aus der indogermanischen Wurzel „me[d]" und bedeutet für die einen Zeitmessen, für die anderen Wandern. Abgeleitet vom „Mond" ist der „Monat" und auch der „Montag". Der Monat war und ist der Zeitraum von etwa dreißig Tagen, den der Gestaltwandel des Mondes zwischen zwei Vollmondphasen durchläuft. Die Germanen orientierten sich an diesem einfachen Zeitmaß und lernten erst von den Römern die Einteilung des Jahres in zwölf Monate. Auch die Wochenrechnung übernahmen die Germanen von den Römern. So läßt sich auch der Montag erklären, besonders der arbeitsfreie „blaue Montag". Er hat seinen Namen wohl vom Montag vor der Fastenzeit nach den liturgisch vorgeschriebenen blauen Gewändern der Priester. Die Bezeichnung ging später auf den Tag über, an dem die Gesellen, nach altem Handwerksbrauch, frei hatten. Da die Burschen an diesem Tag ausgiebig zechten, wurde „blau sein" der Begriff für Trunkenheit. Eng damit hängt natürlich das „blaumachen" zusammen. Und wenn die Zecher den Tag bis spät in die Nacht ausnützten, dann leuchtete ihnen auf dem Heimweg der Mond als „Lumpenlaterne".

Um wieviel feiner und gelassener können wir dagegen den chinesischen Dichter Li Tai-Pe (701-762) in seinem Gedicht „Einsamer Trunk unter dem Mond" erleben, wie ihn uns Günter Eich in seinen Übertragungen „Aus dem Chinesischen" (1976) überliefert hat. Der Sänger, der Mond und der Schatten des Sängers – „wir sind zu dritt" – bilden die kleine Gesellschaft, aus der jeder seiner Wege geht, „wenn erst der Rausch beginnt". Und der Schluß weiß um die dauerhafte Verbindung von dem, „was im hohen Sternenlicht gefunden" wurde. Tatsächlich ist diese Mondnacht schon seit mehr als tausend Jahren ins Wort gebannt und überdauert auch weiterhin alles Gröhlen zechender Burschen.

Der als Höhepunkt der tollen Tage bekannte „Rosenmontag“ leitet sich übrigens vom kölnischen Wort „rose, rosig“ für „rasen“, „toll sein“, ab. Von hier ist es nicht mehr weit zur Mondsucht oder Mondkrankheit als einer Form der Verrücktheit, und so schließt sich der Wortkreis wieder.

Der Mond ist zwar Wunschort der Sehnsucht, aber kein selbsttätig leuchtender Stern. Er ist nur ein Trabant, ein Satellit, ein Begleiter, angeleuchtet, mal weniger, mal mehr, von der Sonne und wahrgenommen von der Erde aus. So wenigstens sah es Leonardo da Vinci, einer seiner ersten und genauesten Beobachter:

„Der Mond hat kein Licht von sich, aber soviel die Sonne von ihm sieht, soviel erleuchtet sie. Von welchem Leuchtenden wir soviel erblicken, als es von uns sieht. Und seine Nacht empfängt soviel Glanz, als ihm unsere Gewässer leihen, indem sie ihm das Abbild der Sonne zurückwerfen, die sich in allen jenen (Gewässern) spiegelt, welche die Sonne und den Mond sehen.“

So hat sich Leonardo schon lange, bevor die Astronauten vom Mond aus die Erde „aufgehen“ sahen, den Glanz des blauen Planeten von der anderen Seite her vorstellen können.

Lange vor den Astronauten sind die Dichter schon vielfach „auf dem Mond“ gewesen. Die Reisen der Dichter zum Mond sind Legion – der Lügenbaron Münchhausen weiß davon ebenso Interessantes zu berichten wie Grimmelshausen. Der Mond ist in diesen Geschichten eine verdrehte Erde; und so heißt es beispielsweise bei Münchhausen 1786 in der Nacherzählung Gottfried August Bürgers im Gewand einer Wundergeschichte sehr eindeutig:

„Die Freuden der Liebe sind im Monde gänzlich unbekannt; denn sowohl unter den kochenden Geschöpfen als allen übrigen Tieren gibt es nur ein einziges Geschlecht. Alles wächst auf Bäumen, die aber nach ihren verschiedenen Früchten auch an der Größe und den Blättern sich sehr voneinander unterscheiden. Diejenigen, auf denen die kochenden Geschöpfe oder die Menschen wachsen, sind viel schöner als die andern, haben große, gerade Äste und fleischfarbene Blätter, und ihre Frucht besteht in Nüssen, die sehr harte Schalen haben und wenigstens sechs Fuß lang sind. Wenn diese reif sind, welches man an der Veränderung ihrer Farbe sehen kann, so werden sie mit großer Sorgfalt gepflückt und so lange, als man es für gut findet, aufgehoben. Will man nun den Samen dieser Nüsse lebendig haben, so wirft man sie in einen großen Kessel kochenden Wassers, und in wenigen Stunden öffnen sich die Schalen, und das Geschöpf springt heraus. (...) Wenn die Leute im Monde alt werden, so sterben sie nicht, sondern lösen sich in Luft auf und verfliegen wie Rauch."

Cyrano de Bergerac in seinem berühmten Roman „Histoire comique contenant les estats et empires de la lune" (1657) erzählt gleichermassen phantastisch und bezieht sich dabei, ebenso wie später Münchhausen, auf die Reise mit Wildgänsen zum Mond in „The Man in the Moone" (1638) des Bischofs Francis Gowin.

Eine Reisebeschreibung „in die Neue Oberwelt des Monds" (1660) ist auch bei Grimmelshausen der Ausflug in eine mehr oder minder satirische Spiegelwelt der Erde. In seinem kunstvoll astrologisch komponierten Roman „Simplicius Simplicissimus" (1668) ist der Mond jedoch das Symbol des Wandels und wird im sechsten Buch, der sogenannten „Continuatio", mit der poetologischen Schlüsselfigur des simplicianischen Lebens, dem Baldanders, der eben bald so, bald anders erscheint, in Verbindung gebracht. Der Erzähler und mit ihm der Leser, lernt verstehen, daß Baldanders „mit bessern Ehren den Mon in seinem Wappen führe als der türkisch Kaiser, item daß die Unbeständigkeit sein Aufenthalt, die Beständigkeit aber seine ärgste Feindin seie".

Jules Verne und H. G. Wells hatten zwar differenziertere technische Vorstellungen, nutzten aber beide intensiv die beiden besten Vehikel für die Reise zum Mond: Phantasie und Verstand. Jules Verne brauchte 1865 97 Stunden und 20 Minuten für seinen „Direktflug" „Von der Erde zum Mond"; und H. G. Wells ließ breits 1901 „Die ersten Menschen auf dem Mond" landen. Im Weltall der Phantasie kannte sich wiederum besonders gut Paul Scheerbart aus, wie sein „Mondroman" „Die große Revolution" (1902) und sein „Asteroiden-Roman" „Lesabéndio" (1913) mit Illustrationen von Alfred Kubin beweisen. Und im berühmten Märchenspiel um „Peterchens Mondfahrt" (1911) überwinden die Kinder Schwerkraft und Schwierigkeiten dank ihrer guten Herzen.

Noch poetischer verstand der Mythos den Mond. Die Griechen ließen die Mondgöttin Selene, Tochter des Hyperion und Schwester des Helios, nachts in Liebe auf die Erde kommen. Der Königssohn Endymion lebt als Hirte und schläft in einer Höhle. Dort erblickt ihn Selene und läßt sich zu ihm von ihrem silbernen Wagen, den Amor lenkt, herab. Amor leuchtet ihr mit einer Fackel und sorgt dafür, daß die Wachhunde ebenfalls einschlummern. Ungestört weilt die Göttin bei ihrem schlafenden Geliebten, und nur zum Abschied haucht sie ihm einen Kuß auf die Lippen. Endymion ist nach diesem Schlaf so beseligt, daß er, der Liebling der Götter, Jupiter um ewige Jugend, ewiges Leben und auch um ewigen Schlaf bittet. Die Wünsche werden ihm erfüllt. Es scheint, als solle durch dieses Bild dem Todesschlaf etwas von seiner Unerbittlichkeit genommen werden. Der Schlaf ist nur ein Übergang. So ist der Mond auch für die Platoniker der Mittler zwischen der irdischen Welt der Sinne und der göttlichen des Geistes.

Der Mythos wandelte sich. Aus der griechischen Artemis, der Jagdgöttin und Herrin der Wälder, wurde bei den Römern Diana, die auch die Funktion der Mondgöttin Selene übernahm; ihr Gegenüber war der Sonnengott Apoll. Diana war in den Wäldern und an Quellen zu finden, hauchte den Wahnsinn ein, scheute die Blicke der Männer und blieb Jungfrau. Die Römer sahen in ihr auch eine Geburtshelferin, und so ist der Wandel von der romantischen Selene zur praktischen Diana weit mehr als nur ein Namenswechsel.

Die Christianisierung hat die alten Mythen so weit wie möglich aufgenommen und in neue Formen integriert. Das alte Frühlingsfest am ersten Vollmond nach der Frühlings–Tagundnachtgleiche wurde zum christlichen Ostertermin der Auferstehung; „Mariae Himmelfahrt“ hieß nun das Fest der Diana „Lucina“ am 15. August; und noch im Sichelmond zu Füßen zahlreicher Marienstatuen ist die Verbindung zwischen der „Himmelskönigin“ und alten vorchristlichen Mondgöttinnen sichtbar.

Während in der frühen Neuzeit gerade Frauen, die um die Kraft des Mondes wußten, denunziert und in einer kulturvernichtenden Weise verbrannt wurden, beobachtete Galileo Galilei 1610 mit scharf geschliffenen Linsen den Mond und berechnete seinen Lauf um die Erde und den Lauf der Welt insgesamt völlig neu. Ihn begünstigte bei seinen Beobachtungen die fehlende Atmosphäre auf dem Mond. Diese Blöße ist zugleich der Grund für extreme Temperaturschwankungen auf der Mondoberfläche: Bei Neumond beträgt die Temperatur – 130°; bei Vollmond + 120° Celsius. Leonardo da Vinci hat demnach ebenfalls recht, wenn er schreibt, der Mond habe „jeden Monat einen Winter und einen Sommer“.

Bedroht vom Scheiterhaufen, mußte Galilei seiner Lehre entsagen. Ob aus bewundernswerter List, um seine Forschungen in Ruhe vorantreiben zu können, oder aus verdammenswerter Feigheit – Bertolt Brechts Drama „Leben des Galilei“ (1943/47) hat für beide Versionen einen Schluß. Die moderne Wissenschaft führt jedenfalls über Galilei zu Einstein und zur Atombombe ebenso wie zur Mondlandung. Es ist ein Weg in die Entzauberung.

Ernüchternd ist bereits die Bilanz der bemannten Landungen auf dem Mond. Seitdem Neil Armstrong am 16. Juli 1969 von der Leiter der Mondfähre „Eagle“ auf die Mondoberfläche mit den Worten sprang: „Ein kleiner Schritt für den Menschen, aber ein großer Schritt für die Menschheit", haben die amerikanischen Apollo–Mannschaften über 380 kg Mondgestein mitgebracht – und was stellt sich heraus? Die uralten Steine vulkanischen Ursprungs haben wenige leichtflüssige Elemente, und die häufigsten Minerale im Mondgestein sind Pyroxen, Plagioklas, Olivin und Ilmenit, wovon Plagioklas für die helle Farbe der Steine sorgt.

Poetisch sind dagegen wenigstens die weitaus älteren Benennungen der Mare und Terra genannten Bodenformen auf dem Mond. Gerade weil sie sich mit nichts auf der Erde vergleichen lassen, erwecken sie den Eindruck, der Mond sei so etwas wie eine kleine Erde, mit ausgetrockneten Meeren und ähnlich schroffen Bergen. Da gibt es das Mare Australe (Südmeer) oder das Mare Crisium, das (von dem für seine Mondmetaphern berühmten Arno Schmidt zum Titel eines Buches gemachte) kritische Meer; es gibt das fruchtbare, das kalte, das feuchte, das heitere, das dampfende und das stille Meer, wo die ersten Menschen landeten; und es gibt den stürmischen Ozean und die Zentralbucht. Alle diese Gegenden sind beinahe schon wieder Schauplätze für eine romantische Geschichte im Gewand eines Weltraumromans.

Die alten Geschichten vom Mond erweisen sich jedoch als dauerhafter als die auf dem Mond zurückgelassenen Geräte und die niemals verwehenden Spuren. Der „Mann im Mond" etwa hat im Aberglauben besonders viele Gestalten, ist mal ein bärtiger wirklicher Mann oder ein Mann mit einem Holzbündel, dann ein Liebespaar oder Adam und Eva. Für frevelhaftes Tun wie Diebstahl oder Sonntagsarbeit ist die Entrückung in den Mond die Strafe. Die Entheiligung der Nacht führt zur größten Erdferne.

Der Mann im Mond, besser auf dem Mond, hat zudem viele Namen. Die Mondformationen tragen, unter vielen anderen, die Namen Plato, Aristoteles, Hesiod, Herodot, Gutenberg, Descartes, Galilei, Schiller und Kant, sind also nach berühmten Erdmännern benannt, aber nach keiner Frau. Frau Luna gibt es nur für die romanischen Sprachen und für die Dichter.

Der auf den Mond bezogene Volksglaube zeigt eine verwirrende Vielfalt, je nachdem, ob das Mondlicht und seine Verfinsterung oder der nächtliche Gang des Mondes gemeint sind, sein Kommen und Gehen, sein Wachsen und Schwinden. Sodann durch seinen konkreten Einfluß auf die Erde durch Ebbe und Flut, den Taufall, die Menstruation, das Nachtwandeln oder die Mondsucht. Auf alte Mondverehrung deuten Rufe und Bräuche in der Finsternis hin, die dem anscheinend unterliegenden Gestirn helfen sollen, wie das afrikanische Tanzlied der Baluba in der Übersetzung Carl Einsteins.

In der Volksmedizin spielt der abnehmende Mond eine Rolle beim Besprechen der Warzen: „Mond, Mond, nimm von dannen diese Warzen“, heißt es beispielsweise in der Oberpfalz. Von diesen Sprüchen abgeleitet empfiehlt Goethes Mephisto in „Faust II“ ironisch ein Rezept gegen Sommersprossen:

> „Nehmt Froschlaich, Krötenzungen kohobiert / In vollstem Mondlicht destilliert. / Und wenn er abnimmt, reinlich aufgestrichen – / Der Frühling kommt – die Tupfen sind entwichen“ (1, Vers 6325ff.).

Die Säe– und Pflanzbräuche bedürfen dagegen des zunehmenden Mondes und der damit verbundenen Stärkung.

Zauberworte der Beschwörung sind den Dichtern zu eigen. Ob sie verhalten nach innen blicken oder euphorisch außer sich geraten, der Mond bleibt das stumme Maß ihrer Stimmung. Der Barockdichter Paul Fleming hat 1635/36 in seinem Gedicht „An den Mon“ alle Aspekte beschwörend humorvoll versammelt, die den Mond als weibliches Wandelwesen feiern:

> „Komm, Phöbe, Tag der Nacht, Diane, Borgelicht, Wahrsägrin, Liederfreund: komm, Lune, säume nicht (...) Stromfürstin, Jägerfrau, Nachtauge, Horngesicht, Herab! izt fang ich an das süße Lobgedicht!“

Der Mond gehört zur Romantik. Das Mittelalter sah in Sonne und Mond die Allegorien für Gott und die Kirche; die Aufklärung betonte das Wesen Gottes wie in dem wunderbaren Gedicht des Barthold Heinrich Brockes über den „Mondschein“. Angedeutet wird hier eine Stufenfolge der Erkenntnis ähnlich der in Platos Höhlengleichnis. Gefühlvoll dichten danach die Freunde im „Göttinger Hain“ den Mond an, allen voran der jung verstorbene Hölty. Doch erst in der Romantik wird die Natur so beseelt, daß neue spirituelle Dimensionen erschlossen werden. Oder besser: So neu sind sie nicht. Erde und Himmel in Eichendorffs „Mondnacht“ sind nichts anderes als eine Entsprechung zum alten polaren Prinzip des chinesischen Yin und Yang. Ebenso deutlich wird diese Übereinstimmung in den Gedichten Friedrich Rückerts, der wiederum einer der bahnbrechenden Vermittler orientalischen Geistes in Europa war.

Gleichwohl lauert bei so viel Seele und Gefühl auch oft der Kitsch. Meister der beiden Tonlagen und ihrer Zwischentöne war Heinrich Heine. Er kann als einziger die beinahe unantastbare Claudius-Zeile „Der Mond ist aufgegangen“ übernehmen und sie in seinen eigenen Ton verwandeln, den der verlorenen, vergeblichen Liebe. Meister der Zwischentöne waren, ein Jahrhundert später, auch die „Commedian Harmonists“. Ihre Version des Volkslieds „Guter Mond, du gehst so stille“, aufgenommen im

September 1933, ist einerseits Konzession an die damals herrschende deutsche Ideologie. Andererseits ist das Lied zugleich Reprise und Abschluß einer deutschen Romantik, die in den Vertonungen von Franz Schubert und Robert Schumann kongeniale musikalische Entsprechungen gefunden hatte. Doch der Weltuntergang bis 1945 zerriß das letzte Band einer Verbindung in die Zeiten schwärmerischer „Träumerei". Peter Rühmkorf setzte den vorläufigen Schlußpunkt in seiner „Variation auf 'Abendlied' von Matthias Claudius" (1976) und verwahrte sich gegen Fortschrittsgläubigkeit ebenso wie gegen die Frömmigkeit des alten Claudius.

Eine Revision schadet nicht. Zeigt sich daran doch, daß Claudius' Frömmigkeit zeitlos ist schon deshalb, weil sie aus dem Wissen um den Zauber kommt. Sein „Wiegenlied beim Mondschein zu singen" (1770) ist eine anhaltende, zeitüberwindende Erinnerung an den Mondsegen der Ahnin. Der Mond, dessen Licht sonst abergläubisch gemieden wird, „scheint von hoch hernieder / Mir lauter Glück". So sagt es die Mutter ihrem Kind, und sie sagt es so wie einst ihre Mutter für sie selbst den Segen erbat. Eine alte Geschichte vom Werden und Vergehen, vom Wünschen und Verstehen, fromm und beständig.

Andere mieden das Mondlicht lieber. Sahen in ihm die Ursache für Mißwuchs und Mondsucht, ängstigten sich vor der dämonischen Nähe der Totengeister und Gespenster. In der Finsternis wiederum wurde die Gewalt von tierischen Ungeheuern oder die Trauer oder gar Krankheit des Mondes gesehen. Als Abwehrzauber dienten Lärm oder lautes Rufen wie: „Vince luna!" – „Siege, Mond!".

Eine seltsame Existenz, geradezu als Gegenstück zum Einhorn der Fabeln, führen das Mondkalb und das Mondschaf. Wenn Franz Blei in seinem „Bestiarium litteraricum" (1920) über den Satiriker Gustav Meyrink schreibt: „Das Meyrink ist das einzige Mondkalb, das einzufangen gelang", so wird die vermeintliche literarische Weltferne Meyrinks durch den scheinbar abschätzigen Vergleich witzig aufgewertet.

Ganz anders dagegen ist das Mondschaf bei Christian Morgenstern zu verstehen. Das Mondschaf erinnert zunächst an die Kinderfrage nach den schönsten Schäfchen, die der goldene Mond hat. Doch hier ist es eher der Mond selbst, allein „auf weiter Flur", seiner Alm, seiner Weide. In der dritten Strophe, versteckt in ein Traumwort, scheint plötzlich eine Wahrheit auf: „'Ich bin des Weltalls dunkler Raum.'" Also nicht „das Herz der Nacht", wie Oskar Maria Graf den Mond nennt, und auch nicht das vorgeblich sinnlose Bild, wie es Günter Eich in seinem „Fragment, dem Mond gewidmet", formuliert:

„Und sinnlos fällt ein Wort mir ein: / 'Er ist der Nacht ihr Herz.'"

Auch nicht Eduard Mörikes „Auge" der Mitternacht – nichts mehr von Zuversicht und Gestalt. „'Ich bin des Weltalls dunkler Raum'": das ist die eigentliche Absage an jede Schwärmerei, an jede noch so phantastische Projektion. Es meint nicht viel anderes als die Verlorenheit des Mondes, doppelt abhängig von der Sonne im scheinhaften Leben und scheinhaften Tod.

Eines der schönsten Mondgedichte der Weltliteratur findet sich 1870 unter den Werbegedichten des französischen Symbolisten Paul Verlaine an seine künftige Ehefrau Mathilde Mauté. Wie jedes vollendete Gedicht, ist auch dieses unübersetzbar. Eine Ahnung von seiner Schönheit vermittelt aber bereits der Klang:

„La lune blanche / luit dans les bois. / De chaque branche / Part une voix / Sous la ramée / Ô bien-aimée."

Die stille Stunde der Mondnacht – „c'est l'heure exquise" - ist die „Wunderstunde", in der Märchen und Beschwörung ineinander aufgehen.

Die Mondnacht ist tabu; wer im Mondlicht arbeitet, setzt sich großer Gefahr aus. So wenig, wie das Mondlicht auf Schwangere fallen darf, wenn sie kein Mondkalb zur Welt bringen wollen, so wenig darf in der Mondnacht beispielsweise die Wiese gemäht werden; wer es dennoch tut, läuft Gefahr, in den Mond verbannt zu werden. Wiederum ist die Mondnacht auch die Zeit der Liebenden. Es ist daher besonders mutig, wenn der walisische Dichter Dylan Thomas sein „Handwerk oder (seine) trübe Kunst" eben dann ausübt,

„Wenn nur der Mond wütet / Und die Liebenden im Bett / Halten all ihren Kummer im Arm".

Aber eben für sie, und nur für sie, die Liebenden, schreibt er seine Verse auf „Schaumwirbelseiten", für sie,

„Die mir nicht Lob noch Lohn bereiten / Noch achten meine Arbeit oder Kunst".

Der Mond schien in diesem Jahrhundert auch über die Barackendächer der Konzentrationslager. Gerty Spies, selbst Opfer dieser Zeit, spiegelt in ihrem Gedicht „Mondnacht" vom Herbst 1944 den Mond „Aus den Händen Gottes rinnend" in einer „Regenlache":

„Und die Lache dehnt versonnen / Sich dem Zauberblick entgegen , / Fühlt in rätselschweren Wonnen / Ihre flache Flut sich regen. // Und auf ihrem Spiegel schwanken / Gottes tiefe Nachtgedanken."

Es ist ein Triumph des gefühlten zeitlosen kosmischen Geschehens über die Qual der Gegenwart, und aus diesem unscheinbaren Moment entstehen Kraft und Zuversicht gegenüber der vernichtenden Misere.

Manchen ist der Mond letztlich nur „a nackerte Kugel", wie ihn der Titel eines Films nannte. Ganz dazu paßt der berühmte „Psalm Salomos, den Weltraumfahrern zu singen" in Friedrich Dürrenmatts Tragikomödie „Die Physiker" (1962):

> „Wir hauten ins Weltall ab. / Zu den Wüsten des Monds. Versanken in ihrem Staub. / Lautlos verreckten / Manche schon da (...)".

Am Ende sind nur noch Mumien in den „Schiffen" unterwegs, „Verkrustet von Unrat // In den Fratzen kein Erinnern mehr / an die atmende Erde." Das ist die vielleicht krasseste Absage an jede Entdecker– und Eroberer–Euphorie im Zusammenhang mit den unendlichen Weiten des Weltraums.

Mondgesicht

Der Mond ist auch ein beliebtes Motiv in der Malerei. Auf japanischen Holzschnitten ist er manchmal deutlich über dem Fudschijama zu sehen, manchmal aber auch richtig versteckt, hinter Bäumen oder Bergen, oder er bildet das ruhende Gegenstück zu Wasserfall oder großer Welle.

In Asien gibt es überhaupt, schon durch die Schrift–Bilder, eine grössere Nähe zwischen Bild und Wort. In den japanischen Haikus, diesen nur ansatzweise übersetzbaren kurzen Meisterwerken eines scheinbaren Nebenbei, ist der Mond oft das verbindende Element zwischen der Fremde und der Heimat. Im Chinesischen wird dazu noch die Zeit überwunden, wenn der Mond so hell scheint, „als wenn es wieder Kindheit wär".

Den Mond-Gedichten der deutschen Romantik stehen vor allem die Mond– Gemälde des Caspar David Friedrich zur Seite. So ist das Bild „Mann und Frau den Mond betrachtend" (1818/20) geradezu eine Ikone der Romantik. Die beiden Menschen im Vordergrund, umgeben von den dunklen Bäumen der Vergangenheit, blikken in das dunsterfüllte Mondlichtmeer wie in die helle Zukunft eines Jenseits. Zu diesem Bild paßt, was Friedrichs Malerkollege Philipp Otto Runge einmal schrieb:

„Entsteht nicht ein Kunstwerk nur in dem Moment, wenn ich deutlich einen Zusammenhang mit dem Universum vernehme? Kann ich den fliehenden Mond nicht ebenso festhalten wie eine fliehende Gestalt, die einen Gedanken bei mir erweckt (...). Ist es nicht sonderbar, daß wir klar und deutlich unser ganzes Leben empfinden, wenn wir dicke, schwere Wolken bald dem Monde vorübereilen, bald ihre Ränder von dem Monde vergoldet, bald die Wolken den Mond völlig verschlingen sehen? Es kömmt uns verständlich vor, als könnten wir in solchen Bildern unsre ganze Lebensgeschichte schreiben."

Diese metaphysischen Gedanken sind auch bei Friedrich selbst das Ergebnis genauer Beobachtungen. Auf seinen vielen Mondbildern ist beispielsweise die jeweilige Phase immer genau zu erkennen, einmal sogar die seltene Form eines Mondregenbogens.

Die Mondnächte auf den Bildern Carl Spitzwegs gehören danach mehr den Sonderlingen, Mondsüchtigen oder Verliebten, Hypochondern oder Sterndeutern. Mit dem Aufkommen von Dampfschiff und Eisenbahn verschwindet der Mond aus der Malerei; die Zeit ist zu hektisch. Er kehrt erst wieder in der Moderne zurück, bei Paul Klee und Max Ernst, ganz ähnlich wie in der expressionistischen Dichtung. Ganz wunderbar eigensinnig sind besonders die „Mondsand“-Gedichte (1959) des Dadaisten Hans Arp.

Eine interessante Unterscheidung ist die bildender Künstler in Sonnen– und Mondexistenzen. Der Sonnenexistenz etwa von Malern, die völlig eigenständig aus sich selbst heraus schaffen, steht die Mondexistenz eines Illustrators gegenüber, der fremdes Licht, hier einen Text, braucht, um leuchten zu können. Das beste Beispiel für eine künstlerische Mondexistenz ist vielleicht der österreichische Zeichner Alfred Kubin, der Meister der „Dämmerungswelten“.

Auch die Musik hat ihren Anteil am Mond. Ob im Volkslied oder im Kunstlied – die Besinnung spiegelt sich in der meist langsamen Weise. Beethovens „Abendlied“ (1820) oder seine sogenannte „Mondscheinsonate“ (1802) – "Lebt denn nicht in jeder schönen Mondnacht das Beethovensche Kunstwerk?“ fragt Robert Walser – sind dabei ebenso zu nennen wie Schuberts Vertonung von Goethes berühmtem Gedicht „An den Mond“. Erich Trunz, der Herausgeber von Goethes Werken, betont wiederum in seinem Kommentar das „Liedhafte, Klingende“ in beiden Fassungen dieses Gedichts.

Alt ist die Vorstellung, der Kosmos selbst klinge in Sphärenharmonie und könne hörbar gemacht werden. Wie Eva Rosenkranz schreibt, hat die Erde den Tageston „g“ und den Jahreston „cis“. Der Monats– oder Mondton „gis“ spielte in Barock und Klassik noch eine grössere Rolle als heute.

Das kosmische Schwingen und Klingen bestätigen differenzierte naturwissenschaftliche Beobachtungen. Dabei ist die Mondbewegung nur schwierig auszurechnen. Das durch die jeweiligen elliptischen Bahnen schon labile Gleichgewicht zwischen Erde und Mond wird durch die Einwirkungen der Sonne zusätzlich unregelmäßig beinflußt. So treten die Gezeiten nicht nur als Ebbe und Flut auf der Erde in Erscheinung, sondern sind auch als Schwingungen in der Atmosphäre und sogar im festen Erdkörper nachweisbar.

Die Mondgestalt läßt sich in vielem auf der Erde wiederfinden. Am menschlichen Körper gibt es zwei mondförmige Stellen. Die eine ist bekannt als das sichelförmige Möndchen oder lunula an der Nagelbasis. Die andere ist versteckt in der Handwurzel, heißt Mondbein oder os lunatum und ist nur auf Röntgenbildern oder an Skeletten zu sehen. Ein Schmetterling (Phalera bucephala) fliegt als Mondvogel, weil er an seinem Vorderflügel einen großen, gelben Mondfleck zeigt. Der Mondhornkäfer (Copris lunaris) verfertigt birnenförmige Dungpillen, an deren Spitze das Ei versteckt wird. Im Mittelmeer schwimmt der Mondfisch (Orthagoniscus mola) als bis zu zwei Meter großer, stark abgeplatteter, runder und merkwürdiger Fisch. Schwimmt er dicht unter der Oberfläche, ragt seine Rückenflosse wie bei den Haien darüber hinaus; manchmal aber legt er sich einfach auf eine Seite und läßt sich wie schlafend treiben. In dieser Stellung nennen ihn die Fischer den Meermond. Unter den Pflanzen gibt es die Mondviole (Lunaria annua), und unter den Mineralien den Mondstein (Adular). Seine Farbe ist milchig weiß-blau, rosa, er ist durchscheinend bis durchsichtig und irisiert. Seinen Namen hat er vom Mondlicht. Er dient zur Beruhigung und Reinigung, fördert die Intuition und verstärkt das Bewußtsein für die Gefühle.

Mit diesen Eigenschaften hätte der Mondstein auch einem sehr unglücklichen Menschen helfen können, der als „Mondkönig" den Gegensatz zum französischen „Sonnenkönig" bildete. Gemeint ist der „Märchenkönig" Ludwig II. von Bayern. Ihm hat der französische Dichter und Ahnherr der Surrealisten, Guillaume Apollinaire, eine Erzählung mit dem Titel „Le Roi-Lune" (Der Mondkönig) (1916) gewidmet. Die Geschichte versammelt einige schon bekannte Ludwig-Motive zum Bild einer eigenwillig unzeitgemässen Persönlichkeit.

Auf einer Wanderung nach Tirol kommt der Erzähler an einigen „Märchenschlössern" vorbei und verirrt sich, angelockt von Musik, in eine kostbar ausgestattete Höhle, die, von elektrischem Licht in vielen Farben hell erleuchtet, an die künstliche Grotte Ludwigs in Linderhof erinnert. Die merkwürdige Musik tönt aus einem Raum, wo Ludwig II., vornehm gekleidet wie ein Herr der Zeit Ludwigs XVI., an einem

Klavier sitzt. Jede Taste des Klaviers steht mit einem hochmodernen Mikrophon in Verbindung, das Töne, Laute und Geräusche von weit entfernten Orten der Welt überträgt und so eine akustische Weltreise oder gar eine „Weltensinfonie“ ermöglicht. Im Wald vor der Höhle leuchten am Schluß Tausende von Lichtern in den verschiedensten Farben und Formen, und der König, wunderlich männlich-weiblich gekleidet, läßt sich eine neue Musik vorspielen. Schließlich legen sich die Gefolgsleute den gleichen Gürtel an, den schon der König trägt, und erheben sich zusammen mit ihm, der von einem Baum aus dem Mond zuzuflüstern scheint, in die Lüfte "wie ein Zugvogelschwarm".

Diese Geschichte „stimmt“ natürlich nicht, sie ist reine Erfindung. Doch sie beruht auf konkreten Aspekten. Der „Mondkönig“ Ludwig II. war eben der Träumer und romantische Weltflüchtling, der sich auf Nachtfahrten im „Mondenglanz“ (wie er im Tagebuch schrieb) hin und wieder mit dem blausamtenen Königsornats seines großen Vorbilds, des „Sonnenkönigs“ Ludwig XIV. kostümierte. Schließlich und vor allem ist Ludwig II. künstlerisch keine selbständige „Sonne“ gewesen, sondern leuchtete, gewissermaßen wie der Mond, mit dem fremden Licht eben der Literaten und Musiker, wie Friedrich Schiller und Richard Wagner, die er mit großem Enthusiasmus las und zitierte. Aber ausgerechnet der verehrte Richard Wagner erkannte 1876 schonungslos: „Der König ist ganz unmusikalisch und nur mit einem poetischen Gemüt begabt.“

Am Ende des Feudalismus steht also der Mondkönig in trauriger Entsprechung zum einstmals strahlenden Sonnenkönig – und wie im Märchen könnten die beiden Könige verwandelt werden in dauerhafte Sterne am Firmament der menschlichen Phantasie. Nach allen Wirrungen, nach allen Annäherungen an den Mond als phantastischem Wunschort oder banalem Forschungsobjekt bleibt die Position der Beobachter von der Erde aus. In Mythen, Sagen, Legenden wurde der Mond beschrieben, erklärt, in Zaubersprüchen und Gedichten angerufen. Die vorliegende Auswahl an Mondgedichten wurde danach getroffen, wie sehr noch Zauberkraft in den Worten steckt, besonders in den durch eine lange bürgerlich-behagliche Gewöhnung vermeintlich bekannten Gedichten. Die Bilder und Worte stehen nebeneinander, in einem offenen Verhältnis; sie sollen jeweils anregen zur Besinnung: Was sind eine Handvoll Erde, ein Stück Mondgestein ohne den menschlichen Blick und den poetischen Sinn? Aber was wären die Menschen und ihr Gesang ohne Sonne, Mond und Sterne?

„Es bleibt der Mond im Wasserspiegel, / Die Geisterinsel, die uns grüßt.“ (Li Tai-Pe)

Literatur

Juliet Bredon / Igor Mitrophanow: Das Mondjahr. Chinesische Sitten, Bräuche und Feste. Darstellung und Kulturbericht. Berlin, Wien, Leipzig (Paul Zsolnay Verlag) 1937

Gottfried August Bürger: Wunderbare Reisen zu Wasser und Lande, Feldzüge und lustige Abentheuer des Freyherrn von Münchhausen. Wie er dieselben bey der Flasche im Cirkel seiner Freunde selbst zu erzählen pflegt.Aus dem Englischen nach der neuesten Ausgbe übersetzt. Zehntes Seeabenteuer. Eine zweite Reise nach dem Monde. [Göttingen: Dieterich] 1786

Günter Eich: Aus dem Chinesischen. Frankfurt am Main (Suhrkamp Verlag) 1976

Du. Schweizerische Monatsschrift. Nr. 5. Mai 1947. Themenheft „Mond". Darin u. a.: Alfred G. Roth: Der Mond in der Malerei (S. 8-17); Walter Robert Corti: Das Mondbein (S. 24)

Friedrich Dürrenmatt: Die Physiker. Eine Komödie in zwei Akten. Zürich (Arche) 1962

Elisabeth Frenzel: Motive der Weltliteratur. Ein Lexikon dichtungsgeschichtlicher Längsschnitte. 3. Auflage. Stuttgart (Alfred Kröner Verlag) 1988

Handwörterbuch des deutschen Aberglaubens. Bd. 4. Berlin, Leipzig (De Gruyter) 1934/35

Esther Harding: Frauen-Mysterien. Einst und Jetzt. Mit einem Geleitwort von C. G. Jung. Zürich (Rascher Verlag) 1949

Christiane Herrmann-Lisi: Mondmacht. Lunare Einflüsse auf das irdische Leben. München (Heinrich Hugendubel Verlag) 1996

Marie Herzfeld: Leonardo da Vinci. Der Denker, Forscher und Poet. Aus seinen veröffentlichten Schriften. Jena (Eugen Diederichs) 1926

Das Mondbuch. Der Mond in der deutschen Dichtung. Ausgewählt und eingeleitet von Brigitte Neske. Pfullingen (Günter Neske) 1958

Eva Rosenkranz: Das Mondbuch. Alles über ein magisches Gestirn. Bern, München, Wien (Scherz Verlag) 1996

Gerty Spies: Gedichte aus dem Konzentrationslager und aus den nachfolgenden Jahren. Deggendorf (Verlag Weiß) 1993

Dylan Thomas: In my craft or sullen art. In: Dylan Thomas: Collected Poems. 1934-1952. London (J. M. Dent & Sons Ltd) 1974. Übersetzung: Dirk Heißerer.

Paul Verlaine: Poetische Werke. Französisch und deutsch. Übertragen von Sigmar Löffler. Frankfurt am Main / Leipzig (Insel Verlag) 1994

Dr. Vollmers Wörterbuch der Mythologie aller Völker. Dritte Auflage. Stuttgart (Hoffmann'sche Verlagsbuchhandlung) 1874

Robert Walser: Kleine Dichtungen. Leipzig (Kurt Wolff) 1913

Bilder und Worte

Sonne und Mond

Die Sonne sprach: O Mond, ich wende
Der lieben Erde nun mich ab,
Und lasse dich zurück; o spende
Ihr alles das, was ich nicht gab.
Ich gab ihr die Erregung
Des Lichtes und der Lust;
Verleih ihr nun die Hegung
Des Glücks in stiller Brust.

Wo sengend trafen meine Strahle,
Darauf geuß einen Tropfen Tau,
Und was durch mich gewelkt im Tale,
Das zu erfrischen atme lau.
Und was ich den Gedanken
Nicht zeigen durft' im Raum,
Das laß der Seele Ranken
Umfahn in duft'gem Traum.

Und wenn ich kehr' am Morgen wieder,
Will ich mich deiner Hilfe freun;
Gelabte Schläfer werden Lieder
Erwachte Blumen Weihrauch streun.
Jedwede Knosp' am Baume
Von dir gepflegt gedeiht,
Und was du gabst im Traume,
Mach' ich zur Wirklichkeit.

Friedrich Rückert

Aufgehender Mond

Die Sterne schwinden aus der Bahn,
Es hebt der Mond zu schweben an,
Die weiße Scheibe flugbereit.
Wie einsam ist die Zeit.

Viel andre Zeiten unterm Mond
Verschwanden schon, die hier gewohnt.
Die Menschen blühn und welken ab.
Wie einsam ist ein Grab.

Es glüht der Mond auf Gräber hin.
Mir schläft schon mancher Freund darin.
Sie sind so fern wie Mond und Stern.
O ewig ist so fern.

Sie schlafen lang, sie lebten kaum.
Wie schön hing einst der Mond im Raum!
Sie lebten froh, sie schlafen bang.
O ewig ist so lang.

GEORG VON DER VRING

Die frühen Gräber

Willkommen, o silberner Mond,
Silberner, stiller Gefährt der Nacht!
Du entfliehst? Eile nicht, bleib, Gedankenfreund!
Sehet, er bleibt, das Gewölk wallte nur hin.

Des Maies Erwachen ist nur
Schöner noch, wie die Sommernacht,
Wenn ihm ein Tau, hell wie Licht, aus der Locke träuft
Und zu dem Hügel herauf rötlich er kömmt.

Ihr Edleren, ach, es bewächst
Eure Male schon ernstes Moos.
O, wie war glücklich ich, als ich noch mit euch
Sahe sich röten den Tag, schimmern die Nacht.

Friedrich Gottlieb Klopstock

An den Mond
Spätere Fassung

Füllest wieder Busch und Tal
Still mit Nebelglanz,
Lösest endlich auch einmal
Meine Seele ganz;

Breitest über mein Gefild
Lindernd deinen Blick,
Wie des Freundes Auge mild
Über mein Geschick.

Jeden Nachklang fühlt mein Herz
Froh- und trüber Zeit,
Wandle zwischen Freud' und Schmerz
In der Einsamkeit.

Fließe, fließe, lieber Fluß!
Nimmer werd' ich froh,
So verrauschte Scherz und Kuß,
Und die Treue so.

Ich besaß es doch einmal,
Was so köstlich ist!
Daß man doch zu seiner Qual
Nimmer es vergißt!

Rausche, Fluß, das Tal entlang,
Ohne Rast und Ruh,
Rausche, flüstre meinem Sang
Melodien zu,

Wenn du in der Winternacht
Wütend überschwillst,
Oder um die Frühlingspracht
Junger Knospen quillst.

Selig, wer sich vor der Welt
Ohne Haß verschließt,
Einen Freund am Busen hält
Und mit dem genießt,

Was, von Menschen nicht gewußt
Oder nicht bedacht,
Durch das Labyrinth der Brust
Wandelt in der Nacht.

Johann Wolfgang von Goethe

Rückblick

O noch denk ich mit Lust der lieblich dämmernden Mondnacht,
Welche dem Abende schnell, der mich beglückte, gefolgt.

Ach, es war nicht Nacht, es war nicht Schimmer des Morgens,
Silbern dämmerte rings, träumte die ganze Natur.

Und so sah ich den Mond verbreiten befreundeten Abglanz,
Sah in die Bäume hinein, die er so ruhig beschien:

Und da konnte der Schmerz nicht Wurzel fassen im Herzen,
Nicht an bittern Verlust mahnt' ich, an künftigen, mich.

Hatt' ich sie nicht noch eben gesehn im Glanze der Jugend,
Und im doppelten Glanz roter Juwelen im Haar?

Und nun schlich ich allein, vom Lindengedüft' umbalsamt,
Dachte des Festes im Geist, dachte der Blume des Fests. –

Rollen noch hört' ich den Wagen, der dich mir auf immer entführte.
Aber mich wiegte der Traum, aber ich fühlte mich leicht.

August Graf von Platen

Um Mitternacht

Gelassen stieg die Nacht ans Land,
Lehnt träumend an der Berge Wand;
Ihr Auge sieht die goldne Wage nun
Der Zeit in gleichen Schalen stille ruhn.
Und kecker rauschen die Quellen hervor,
Sie singen der Mutter, der Nacht, ins Ohr
Vom Tage,
Vom heute gewesenen Tage.

Das uralt alte Schlummerlied –
Sie achtet's nicht, sie ist es müd';
Ihr klingt des Himmels Bläue süßer noch,
Der flücht'gen Stunden gleichgeschwung'nes Joch.
Doch immer behalten die Quellen das Wort,
Es singen die Wasser im Schlafe noch fort
Vom Tage,
Vom heute gewesenen Tage.

Eduard Mörike

Früh im Wagen

Es graut vom Morgenreif
In Dämmerung das Feld,
Da schon ein blasser Streif
Den fernen Ost erhellt;

Man sieht im Lichte bald
Den Morgenstern vergehn
Und doch am Fichtenwald
Den vollen Mond noch stehn:

So ist mein scheuer Blick,
Den schon die Ferne drängt,
Noch in das Schmerzensglück
Der Abschiedsnacht versenkt.

Dein blaues Auge steht,
Ein dunkler See, vor mir,
Dein Kuß, dein Hauch umweht,
Dein Flüstern mich noch hier.

An deinem Hals begräbt
Sich weinend mein Gesicht,
Und Purpurschwärze webt
Mir vor dem Auge dicht.

Die Sonne kommt. Sie scheucht
Den Traum hinweg im Nu,
Und von den Bergen streicht
Ein Schauer auf mich zu.

EDUARD MÖRIKE

Sonnenuntergang

In Gold und Purpur tief verhüllt
Willst du mit deiner Leuchte scheiden,
Und ich, noch ganz von dir erfüllt,
Soll, Sonne, dich nun plötzlich meiden?
Du hast mein Herz mit Lust entzündet,
Du allerschönste Königin,
Wenn mir dein Strahlenantlitz schwindet,
Ist nicht das Leben tot und hin?

O reiche mir noch Einen Strahl
Des Lichtes, daß er auf mich falle
Und ich aus diesem Dämmertal
An deiner Hand hinüberwalle!
Laß mich an deinem Hofe weilen
Als lichte leichte Wolke nur,
Vor deinem Zuge kündend eilen,
Als deines Glanzes schwächste Spur.

Sie geht, ich wende bang mich ab,
Es dünkt die Welt mich eine Kohle;
Was jüngst nur Klarheit wiedergab,
Stäubt, Asche, unter meiner Sohle. -
Doch schau', wie ich gen Osten kehre,
Taucht mir ein neues Wunder auf:
Im rosig milden Nebelmeere
Beginnt der Silbermond den Lauf.

Er trägt das Licht durch Nacht und Graun
Getreu auf sanft erhellten Wegen,
Bis wir den Morgen wieder schaun
Und frisch die Erde taut im Segen.
Die Liebe wird den Ruhm nicht mindern,
Wenn Kleine mit den Kleinern gehn:
Die Sonne selbst samt ihren Kindern
Muß sich um größre Sterne drehn.

Gottfried Keller

Abendröte

Als die Sonne nun versunken,
Blühet noch der Abend rot.
Lange schienen weit die Flammen,
Gegenüber stand der Mond;
Wie zwei Welten gegenüber,
Diese bleich und jene rot,

Mitten inne kleine Sterne
An des Himmels Gürtel hoch;
Unten dann die große Erde,
Wo im tiefen Dunkel schon
Blumen duften, Bäume rauschen,

Bei der Nachtigallen Ton.
Blaß wird jene schöne Glut
Und die Freude sinkt vom Thron;
Fern ist ganz des Tages Mutter,
Lichter scheint der bleiche Sohn.
An dem Schimmer freut der Mensch sich
Und ist auch im Dunkel froh.

FRIEDRICH SCHLEGEL

Der Mond

An meinen Bruder

Der Mond, der uns so freundlich scheint,
War unsrer lieben Mutter Freund;
Er sieht uns an mit sanftem Blick
Und denkt wohl auch an sie zurück.

Er kommt zu uns von Alpen her,
Scheint unsern Schwestern übers Meer
Und sieht von seiner hohen Bahn
Mit einem Blick uns alle an.

So sieht uns unsrer Mutter Blick!
Sie fleht zu Gott um unser Glück
Und strahlt in stiller Nächte Ruh
Uns ihren teuren Segen zu.

Friedrich Leopold Graf zu Stolberg

Abendlied

Der Mond ist aufgegangen,
Die goldnen Sternlein prangen
Am Himmel hell und klar.
Der Wald steht schwarz und schweiget,
Und aus den Wiesen steiget
Der weiße Nebel wunderbar.

Wie ist die Welt so stille
Und in der Dämmrung Hülle
So traulich und so hold!
Als eine stille Kammer,
Wo ihr des Tages Jammer
Verschlafen und vergessen sollt.

Seht ihr den Mond dort stehen? –
Er ist nur halb zu sehen
Und ist doch rund und schön!
So sind wohl manche Sachen,
Die wir getrost belachen,
Weil unsre Augen sie nicht sehn.

Wir stolze Menschenkinder
Sind eitel arme Sünder
Und wissen gar nicht viel.
Wir spinnen Luftgespinste
Und suchen viele Künste
Und kommen weiter von dem Ziel.

Gott, laß uns dein Heil schauen,
Auf nichts Vergänglichs trauen,
Nicht Eitelkeit uns freun!
Laß uns einfältig werden
Und vor dir hier auf Erden
Wie Kinder fromm und fröhlich sein!

*

Wollst endlich sonder Grämen
Aus dieser Welt uns nehmen
Durch einen sanften Tod,
Und wenn du uns genommen,
laß uns in Himmel kommen,
Du unser Herr und unser Gott!

So legt euch denn, ihr Brüder,
In Gottes Namen nieder;
Kalt ist der Abendhauch.
Verschon uns, Gott, mit Strafen,
Und laß uns ruhig schlafen!
Und unsern kranken Nachbarn auch!

Matthias Claudius

Mondschein

Des Mondscheins Schein im Wasser scheinet
Demjenigen, der ihn allein
Und nicht gen Himmel schaut,
Ein wirkliches Original zu sein:
Er ist es aber nicht.

Auf gleiche Weise scheint des Mondes wirklichs Licht
Dem, der nicht weiter sieht, ein wesentlicher Schein:
Er ist es aber nicht.

Wer weiß, ob auch sogar der Sonnen heller Strahl
Nicht abermal
Ein ander Urbild hat, das uns noch unbekannt?

Ja wirklich scheint und kommet mir
Ihr heller Lebensbrand,
Der aller Kreatur Lust Leben, Wärm und Wonnen,
Wenn ich es recht erwäg, nicht anders für,
Als wär der Schöpfer selbst der Sonnen Sonne.

Barthold Heinrich Brockes

Auch ein Lied an den lieben Mond

Die Sonn' ist zwar die Königin der Erden.
Das sei hiermit höchst feierlich erklärt!
Ich wäre ja, von ihr beglänzt zu werden,
Verneint' ich dies, nicht eine Stunde wert.

Wer aber kann, wann sie im Strahlenwagen
Einher an blauer Himmelsstraße zieht,
Die Glorie in seinem Aug' ertragen,
Die ihre königliche Stirn umglüht?

Du, lieber Mond, bist schwächer zwar und kleiner,
Ein Kleid, nur recht und schlecht, bekleidet dich,
Allein du bist so mehr, wie unsereiner,
Und dieses ist gerade recht für mich.

Gottfried August Bürger

Wie dir auf nächt'ger Fahrt die nächste Reih' der Bäume
Am Weg vorübereilt, als wären's deine Träume,
Dahinter langsamer dahin die Bergflur schreitet,
Und hinter ihr der Mond nur deinen Lauf begleitet;
So fliehn am schnellsten auch auf deines Lebens Fahrt
Dir die Erscheinungen vorbei der Gegenwart,
Langsam die größeren Gestalten ferner Zeiten,
Und nur die Ewigkeit bleibt ewig dir zur Seiten.

FRIEDRICH RÜCKERT

Romanze

Mondesstrahlen fließen nieder,
Sterne ziehn vom Himmelsblaue,
Träume nahn von goldner Aue,
Blumendüfte würzig wehen,
Liebesengel auferstehen,
Brünstig auf die Liebsten sehen,
Bis der Schlummer löst die Glieder.

JOSEPH LOEW

Warum wirkt der Anblick des Vollmondes so wohlthätig, beruhigend und erhebend? Weil der Mond ein Gegenstand der Anschauung, aber nie des Wollens ist:

"Die Sterne, die begehrt man nicht,
Man freut sich ihrer Pracht." – G.[oethe]

Ferner ist er ERHABEN, d. h. stimmt uns erhaben, weil er, ohne alle Beziehung auf uns, dem irdischen Treiben ewig fremd, dahinzieht, und Alles sieht, aber an nichts Antheil nimmt. Bei seinem Anblick schwindet daher der Wille, mit seiner steten Noth, aus dem Bewußtseyn, und läßt es als ein rein erkennendes zurück. Vielleicht mischt sich auch noch ein Gefühl bei, daß wir diesen Anblick mit Millionen theilen, deren individuelle Verschiedenheit darin erlischt, so daß sie in diesem Anschauen Eines sind; welches ebenfalls den Eindruck der Erhabenheit erhöht. Dieser wird endlich auch dadurch befördert, daß der Mond leuchtet, ohne zu wärmen; worin gewiß der Grund liegt, daß man ihn keusch genannt und mit der Diana identifiziert hat. – In Folge dieses ganzen wohlthätigen Eindruckes auf unser Gemüth wird der Mond allmälig der Freund unsers Busens, was hingegen die Sonne nie wird, welcher, wie einem überschwänglichen Wohlthäter, wir gar nicht ins Gesicht zu sehen vermögen.

Arthur Schopenhauer

Brot und Wein

An Heinse

Rings um ruhet die Stadt; still wird die erleuchtete Gasse,
Und, mit Fackeln geschmückt, rauschen die Wagen hinweg.
Satt gehn heim von Freuden des Tags zu ruhen die Menschen,
Und Gewinn und Verlust wäget ein sinniges Haupt
Wohlzufrieden zu Haus; leer steht von Trauben und Blumen
Und von Werken der Hand ruht der geschäftige Markt.
Aber das Saitenspiel tönt fern aus Gärten; vielleicht daß
Dort ein Liebendes spielt oder ein einsamer Mann
Ferner Freunde gedenkt und der Jugendzeit; und die Brunnen
Immerquillend und frisch rauschen an duftendem Beet.
Still in dämmriger Luft ertönen geläutete Glocken,
Und der Stunden gedenk rufet ein Wächter die Zahl.
Jetzt auch kommet ein Wehn und reget die Wipfel des Hains auf,
Sieh! und das Schattenbild unserer Erde, der Mond,
Kommet geheim nun auch; die Schwärmerische, die Nacht kommt.
Voll mit Sternen und wohl wenig bekümmert um uns,
Glänzt die Erstaunende dort, die Fremdlingin unter den Menschen,
Über Gebirgshöhn traurig und prächtig herauf.

Friedrich Hölderlin

Mondesaufgang

An des Balkones Gitter lehnte ich
Und wartete, du mildes Licht, auf dich.
hoch über mir, gleich trübem Eiskristalle,
Zerschmolzen schwamm des Firmamentes Halle;
Der See verschimmerte mit leisem Dehnen,
Zerfloßne Perlen oder Wolkentränen?
Es rieselte, es dämmerte um mich,
Ich wartete, du mildes Licht, auf dich.

Da auf die Wellen sank ein Silberflor,
Und langsam stiegst du, frommes Licht, empor;
Der Alpen finstre Stirnen strichst du leise,
Und aus den Richtern wurden sanfte Greise;
Der Wellen Zucken ward ein lächelnd Winken,
An jedem Zweige sah ich Tropfen blinken,
Und jeder Tropfen schien ein Kämmerlein,
Drin flimmerte der Heimatlampe Schein.

O Mond, du bist mir wie ein später Freund,
Der seine Jugend dem Verarmten eint,
Um seine sterbenden Erinnerungen
Des Lebens zarten Widerschein geschlungen,
Bist keine Sonne, die entzückt und blendet,
In Feuerströmen lebt, im Blute endet –
Bist, was dem kranken Sänger sein Gedicht,
Ein fremdes, aber o! ein mildes Licht.

Annette von Droste-Hülshoff

Mondbeglänzte Zaubernacht,
Die den Sinn gefangen hält,
Wundervolle Märchenwelt,
Steig' auf in der alten Pracht!

Wenn die Blumen sich erschließen
Und die Frühlingslüfte ziehen,
Will die Welt sich selbst entfliehen
Und sich hin in Liebe gießen.

Darum muß im Herzen fließen
Kühler Labung Strom, und sacht
Bringt ihn die Erfüllung: lacht
Uns die Holde freundlich milde,
Sehen wir in ihrem Bilde
Mondbeglänzte Zaubernacht.

LUDWIG TIECK

Sprich aus der Ferne
Heimliche Welt,
Die sich so gerne
Zu mir gesellt.

Wenn das Abendrot niedergesunken,
Keine freudige Farbe mehr spricht,
Und die Kränze stilleuchtender Funken
Die Nacht um die schattigte Stirne flicht:

Wehet der Sterne
Heiliger Sinn
Leis' durch die Ferne
Bis zu mir hin.

Wenn des Mondes still lindernde Tränen
Lösen der Nächte verborgenes Weh;
Dann wehet Friede. In goldenen Kähnen
Schiffen die Geister im himmlischen See.

Glänzender Lieder
Klingender Lauf
Ringelt sich nieder,
Wallet hinauf.

Wenn der Mitternacht heiliges Grauen
Bang durch die dunklen Wälder hinschleicht,
Und die Büsche gar wundersam schauen,
Alles sich finster tiefsinnig bezeugt:

Wandelt im Dunkeln
Freundliches Spiel,
Still Lichter funkeln
Schimmerndes Ziel.

Alles ist freundlich wohlwollend verbunden,
Bietet sich tröstend und traurend die Hand,
Sind durch die Nächte die Lichter gewunden,
Alles ist ewig im Innern verwandt

Sprich aus der Ferne
Heimliche Welt,
Die sich so gerne
Zu mir gesellt.

Clemens Brentano

Nachts

Ich wandre durch die stille Nacht
Da schleicht der Mond so heimlich sacht
Oft aus der dunklen Wolkenhülle,
Und hin und her im Tal
Erwacht die Nachtigall,
Dann wieder alles grau und stille.

O wunderbarer Nachtgesang:
Von fern im Land der Ströme Gang,
Leis Schauern in den dunklen Bäumen –
Wirrst die Gedanken mir,
Mein irres Singen hier
Ist wie ein Rufen nur aus Träumen.

Joseph von Eichendorff

Um Mitternacht

Um Mitternacht ging ich, nicht eben gerne,
Klein, kleiner Knabe, jenen Kirchhof hin
Zu Vaters Haus, des Pfarrers; Stern am Sterne
Sie leuchteten doch alle gar zu schön;
Um Mitternacht.

Wenn ich dann ferner in des Lebens Weite
Zur Liebsten mußte, mußte, weil sie zog,
Gestirn und Nordschein über mir im Streite,
Ich gehend, kommend Seligkeiten sog;
Um Mitternacht.

Bis dann zuletzt des vollen Mondes Helle
So klar und deutlich mir ins Finstere drang,
Auch der Gedanke willig, sinnig, schnelle
Sich ums Vergangne wie ums Künftige schlang;
Um Mitternacht.

Johann Wolfgang von Goethe

Dem aufgehenden Vollmonde

Willst du mich sogleich verlassen?
Warst im Augenblick so nah!
Dich umfinstern Wolkenmassen,
Und nun bist du gar nicht da.

Doch du fühlst, wie ich betrübt bin,
Blickt dein Rand herauf als Stern!
Zeugest mir, daß ich geliebt bin,
Sei das Liebchen noch so fern.

So hinan denn! hell und heller,
Reiner Bahn, in voller Pracht!
Schlägt mein Herz auch schmerzlich schneller,
Überselig ist die Nacht.

Johann Wolfgang von Goethe

Frühlingsnacht

Übern Garten durch die Lüfte
Hört ich Wandervögel ziehn,
Das bedeutet Frühlingsdüfte,
Unten fängts schon an zu blühn.

Jauchzen möcht ich, möchte weinen,
Ist mirs doch, als könnts nicht sein!
Alte Wunder wieder scheinen
Mit dem Mondenglanz herein.

Und der Mond, die Sterne sagens,
Und in Träumen rauschts der Hain,
Und die Nachtigallen schlagens:
Sie ist Deine, sie ist Dein!

Joseph von Eichendorff

Wie des Mondes Abbild zittert
In den wilden Meereswogen,
Und er selber still und sicher
Wandelt an dem Himmelsbogen:

Also wandelst du, Geliebte,
Still und sicher, und es zittert
Nur dein Abbild mir im Herzen,
Weil mein eignes Herz erschüttert.

HEINRICH HEINE

Mondnacht

Es war, als hätt der Himmel
Die Erde still geküßt,
Daß sie im Blütenschimmer
Von ihm nur träumen müßt.

Die Luft ging durch die Felder,
Die Ähren wogten sacht,
Es rauschten leis die Wälder,
So sternklar war die Nacht.

Und meine Seele spannte
Weit ihre Flügel aus,
Flog durch die stillen Lande,
Als flöge sie nach Haus.

Joseph von Eichendorff

Mit deinen Augen seh ich süßes Licht,
das ich mit meinen blinden nicht mehr schaue,
und, das ich, lahm, zu tragen mich getraue,
mit deinen Füßen trag ich dies Gewicht.

Dem Federlosen gibt dein Flügel Halt,
dein Geist weiß mich zum Himmel zu entfachen,
du hast die Macht, mich rot und blaß zu machen,
im Froste heiß und in der Sonne kalt.

In deinem Willen ist mein Wille drin,
mein Denken wird in deiner Brust bereitet,
in meine Worte weht dein Atem ein.

Es scheint, daß ich dem Monde ähnlich bin,
den unser Auge oben nur begleitet,
soweit die Sonne ihn versieht mit Schein.

Michelangelo Buonarroti
Übertragen von Rainer Maria Rilke

An den Mond

Schwester von dem ersten Licht,
Bild der Zärtlichkeit in Trauer,
Nebel schwimmt mit Silberschauer
Um dein reizendes Gesicht.
Deines leisen Fußes Lauf
Weckt aus tagverschloßnen Höhlen
Traurig abgeschiedne Seelen,
Mich, und nächt'ge Vögel auf.

Forschend übersieht dein Blick
Eine großgemeßne Weite.
Hebe mich an deine Seite,
Gib der Schwärmerei dies Glück!
Und in wollustvoller Ruh
Säh' der weitverschlagne Ritter
Durch das gläserne Gegitter
Seines Mädchens Nächten zu.

Dämmrung, wo die Wollust thront,
Schwimmt um ihre runden Glieder.
Trunken sinkt mein Blick hernieder –
Was verhüllt man wohl dem Mond!
Doch was das für Wünsche sind!
Voll Begierde zu genießen,
So da droben hängen müssen –
Ei, da schieltest du dich blind.

Johann Wolfgang Goethe

Die Mainacht

Wenn der silberne Mond durch die Gesträuche blickt
Und sein schlummerndes Licht über den Rasen geußt
Und die Nachtigall flötet,
Wandl ich traurig von Busch zu Busch.

Selig preis ich dich dann, flötende Nachtigall,
Weil dein Weibchen mit dir wohnet in einem Nest,
Ihrem singenden Gatten
Tausend trauliche Küsse gibt.

Überschattet von Laub, girret ein Taubenpaar
Sein Entzücken mir vor; aber ich wende mich,
Suche dunkle Gesträuche,
Und die einsame Träne rinnt.

Wann, o lächelndes Bild, welches wie Morgenrot
Durch die Seele mir strahlt, find ich auf Erden dich?
Und die einsame Träne
Bebt mir heißer die Wang herab.

Ludwig Christoph Heinrich Hölty

Der Mond ist aufgegangen
Und überstrahlt die Well'n;
Ich halte mein Liebchen umfangen,
Und unsere Herzen schwell'n.

Im Arm des holden Kindes
Ruh ich allein am Strand; –
Was horchst du beim Rauschen des Windes?
Was zuckt deine weiße Hand?

"Das ist kein Rauschen des Windes,
Das ist der Seejungfern Gesang.
Und meine Schwestern sind es,
Die einst das Meer verschlang."

HEINRICH HEINE

Von der unbefleckten Erkenntnis.

Als gestern der Mond aufging, wähnte ich, dass er eine Sonne gebären wolle: so breit und trächtig lag er am Horizonte.

Aber ein Lügner war er mir mit seiner Schwangerschaft: und eher noch will ich an den Mann im Monde glauben als an das Weib.

Freilich, wenig Mann ist er auch, dieser schüchterne Nachtschwärmer. Wahrlich, mit schlechtem Gewissen wandelt er über die Dächer.

Denn er ist lüstern und eifersüchtig, der Mönch im Monde, lüstern nach der Erde und nach allen Freuden der Liebenden.

Nein, ich mag ihn nicht, diesen Kater auf den Dächern! Widerlich sind mir Alle, die um halbverschlossne Fenster schleichen!

Fromm und schweigsam wandelt er hin auf Sternen–Teppichen – aber ich mag alle leisetretenden Mannsfüsse nicht, an denen auch nicht ein Sporen klirrt.

Jedes Redlichen Schritt redet; die Katze aber stiehlt sich über den Boden weg. Siehe, katzenhaft kommt der Mond daher und unredlich. –

Friedrich Nietzsche

Mond im See

Über Höh'n, die dunkel liegen,
Leuchtend in sein Geisterreich
Kommt der Mond heraufgestiegen,
Einer Feuerlilie gleich.

Höher schwebend, immer blasser,
Wird sein Licht im Nachtazur,
Aber unter ihm die Wasser
Strahlen um so schöner nur.

Sanft aus ewigem Gefilde
Blickt sein Glanz, wie ein Gemüt,
Das sich selbst bezwang und milde
Nun in reinster Regung glüht.

Du verhüllst dich – und ein Schatten
Dunkelt um die Wellen weit.
Die durch dich geleuchtet hatten,
Stolzer Stern der Einsamkeit.

Hermann von Lingg

Der Abend

Mit toten Heldengestalten
Erfüllst du Mond
Die schweigenden Wälder,
Sichelmond –
Mit der sanften Umarmung
Der Liebenden,
Den Schatten berühmter Zeiten
Die modernden Felsen rings;
So bläulich erstrahlt es
Gegen die Stadt hin,
Wo kalt und böse
Ein verwesend Geschlecht wohnt,
Der weißen Enkel
Dunkle Zukunft bereitet.
Ihr mondverschlungnen Schatten
Aufseufzend im leeren Kristall
Des Bergsees.

Georg Trakl

Frühlingsnacht

Im Kastanienbaum der Wind
Reckt verschlafen sein Gefieder,
An den spitzen Dächern rinnt
Dämmerung und Mondschein nieder.

Alle Brunnen rauschen kühl
Vor sich hin verworrene Sagen,
Zehnuhrglocken im Gestühl
Rüsten feierlich zum Schlagen.

In den Gärten unbelauscht
Schlummern mondbeglänzte Bäume,
Durch die runden Kronen rauscht
Tief das Atmen schöner Träume.

Zögernd leg' ich aus der Hand
Meine warmgespielte Geige,
Staune weit ins blaue Land,
Träume, sehne mich und schweige.

Hermann Hesse

Heimweh

Über bemooste Steine
Fällt ein rauschender Quell,
Glitzert im Mondenscheine,
Funkelt so silberhell.

Sinnend saß ich daneben,
Sah, wie die Welle schäumt,
Hab' vom vergangenen Leben,
Hab' von der Zukunft geträumt.

In der Tiefe der Wogen
Sah ich gar mancherlei,
Viele Gestalten zogen
Grüßend an mir vorbei.

Waren die lieben Seelen,
Die mich dereinst erfreut,
Die meinem Herzen fehlen
Hier in der Einsamkeit.

Tausendmal laß dir danken,
Lieblicher Silberbach,
Daß du den Heimwehkranken
Tröstest im Ungemach;

Daß du aus alten Tagen
Freundliches mir erzählt,
Daß ich dir durfte klagen
Was meinem Herzen fehlt.

Frank Wedekind

Guter Mond, du gehst so stille

Guter Mond, du gehst so stille
Durch die Abendwolken hin.
Bist so ruhig, und ich fühle
Daß ich ohne Ruhe bin.

Traurig folgen meine Blicke
Deiner stillen heitern Bahn.
O wie hart ist das Geschicke
Daß ich dir nicht folgen kann.

Guter Mond, du gehst so stille
Durch die Abendwolken hin.
Deines Schöpfers weiser Wille
Hieß auf dieser Bahn dich ziehn.

Leuchte freundlich jedem Müden
In das stille Kämmerlein
Und ergieße Ruh und Frieden
Ins bedrängte Herz hinein.

Guter Mond, dir will ich's sagen
Was mein banges Herze kränkt
Und an wem mit bittern Klagen
Die betrübte Seele hängt.

Guter Mond, du kannst es wissen
Weil du so verschwiegen bist
Warum meine Tränen fließen
Und mein Herz so traurig ist.

Volkslied
(nach der Version der Commedian Harmonists)

Abend

Auf dunklen Sammetwinden treibt
ein weißes Lied;
der Abend atmet schwer.
Glocken: die Träume des Monds!

HEINRICH LAUTENSACK

Wenn der Mond aufgeht

Langsam sucht sich Stern um Stern.
Näh' und Ferne sind verwichen.
Welt und Himmel haben sich so gern,
daß sie ausgeglichen,
schweigend ineinanderfließen.
Alle Wege sind nicht mehr,
nur der Mondstrahl hält die Mitte
ruhig in das Herz der Nacht.
Und von ungefähr zu ungefähr
tragen leis' Erinnerung und Bitte
alle qualerlöste Erdenfracht
hoch hinauf ins Wolkenmeer ...

Oskar Maria Graf

Uralt ...

Schweig, mein Geliebter; Mund auf Mund
Wurden wir groß, wurden wir alt
In einem nie gestillten Bund,
Alt wie der uralte Wald.

Alt wie der Mond, mein Lichtgesicht,
Bist du am Himmel tausend Jahr
O schmale Sichel aufgericht,
Der ich die Ernte war.

Alt wie das Meer, die dunkle Saat,
Nach dir gereift, sehnsüchtige Flut,
Steigt zwischen uns den ewigen Pfad
Dunkel das ewige Blut.

Maria Luise Weissmann

Lied vom Meer

Capri, Piccola Marina

Uraltes Wehn vom Meer,
Meerwind bei Nacht:
du kommst zu keinem her;
wenn einer wacht,
so muß er sehn, wie er
dich übersteht:
uraltes Wehn vom Meer,
welches weht
nur wie für Urgestein,
lauter Raum
reißend von weit herein...

O wie fühlt dich ein
treibender Feigenbaum
oben im Mondschein.

Rainer Maria Rilke

Das Mondschaf

Das Mondschaf steht auf weiter Flur.
Es harrt und harrt der großen Schur.
Das Mondschaf.

Das Mondschaf rupft sich einen Halm
und geht dann heim auf seine Alm.
Das Mondschaf.

Das Mondschaf spricht zu sich im Traum:
"Ich bin des Weltalls dunkler Raum."
Das Mondschaf.

Das Mondschaf liegt am Morgen tot.
Sein Leib ist weiß, die Sonn ist rot.
Das Mondschaf.

Christian Morgenstern

Tanzlied

Mond
Mond
vielleicht stirbst auch Du
doch heute sehe ich Dich
So will ich Dir den Kopf schmücken
mit Federn roten Bluts

Baluba (Afrika)
Nachdichtung: Carl Einstein

Fragment, dem Mond gewidmet

Von Kaffee und von Träumen lieg ich wach,
vom Mond, der mich bescheint durchs Leinendach.
So bleichte einst er das Septembergras,
wo ich im Harzgeruch der Wälder saß.
Oh voller Mond, ein gelbes Floß der Liebe,
daß ich an seinem Bord geborgen bliebe!
Daß das Gewässer mir des Himmels immer
befahren sei in seinem Silberschimmer,
das Schilf der Sterne und die Uferweiden,
Musik der Wälder, hörbar nur uns beiden!
So rede ich ihn an mit zagem Wort:
Oh Schiff der Armen, nimm mich mit an Bord,
mach mir wie ein Geheimnis wieder kund
in deinem Lichte der Geliebten Mund!
Oh Meeresgrund des Traums, Septembergras,
wo sie im Harzgeruch der Wälder saß –

GÜNTER EICH

Ich schlief zur Finsternis,
vom wirren Tage heiß.
Der dünne Schlaf zerriß,
das Fenster schimmert weiß.

Der Mondenschein liegt blank
auf Stuhl und Boden, Tisch und Schrank,
so regungslos und so gewiß,
als wohnt er hier seit Väterzeit
und ruhte fort in Ewigkeit, unirrbar,
unversehrt.
Und ist doch grad erst eingekehrt
und noch vor Tage ist er weit.

So hat er hier geruht
vor Jahr und Aberjahr
mit seiner silberkühlen Flut,
als rings noch Wald und Gletscher war
und wüstes Land.
Und kehrt hier ein
und wird hier sein,
wenn jeder Hauch
von mir verschwand,
wenn Stuhl und Boden, Tisch und Schrank
in Schaum und Staub versank
und Haus und Ortschaft auch.

Doch wo mein Grab auch sei,
in Schutt und Ödenei,
im Fluß, im Sumpf, im Wald,
er sucht es ewig auf,

bleich, treu und kalt,
im vorbestimmten Lauf
auf immer gleichen Straßen.
Nimmt ab, wird wieder hell,
ruft Ebb und Flut,
regiert der Frauen Blut,
ist immer neu und alt,
tut schwindend allem Bauholz gut,
gibt, wenn er wächst, dem Brennholz
rechte Glut
und reist und ruht.
Und ich, ich habe teil
an ihm und seinem Licht
und seinen unverrückten Maßen.

Schlaf ein im weißen Mondenschein.
Sei voller Zuversicht.
Schlaf wieder ein.

Werner Bergengruen

Offenes Etruskergrab

Am Himmel steht der halbe Morgenmond im Blau
Die Winkel grün von Moos und Klee
Das Leben geht als Atem ein und aus.

Dirk Heisserer

Du bist mein Mond, und ich bin deine Erde;
Du sagst, du drehest dich um mich.
Ich weiß es nicht, ich weiß nur, daß ich werde
In meinen Nächten hell durch Dich.

Du bist mein Mond, und ich bin deine Erde;
Sie sagen, du veränderst dich.
Allein du änderst nur die Lichtgebärde
Und liebst mich unveränderlich.

Du bist mein Mond, und ich bin deine Erde;
Nur mein Erdschatten hindert dich,
Die Liebesfackel stets am Sonnenherde
zu zünden in der Nacht für mich.

FRIEDRICH RÜCKERT

Quellenverzeichnis

Werner Bergengruen (1892–1964): Ich schlief zur Finsternis (...).: In: Du. Schweizerische Monatsschrift. 7. Jg., Mai 1945, Nr. 5, S. 47. Mit freundlicher Erlaubnis von Frau Dr. N. Luise Hackelsberger-Bergengruen, Ebenhausen bei München.

Clemens Brentano (1778–1842): Sprich aus der Ferne (1799/1800). In: Clemens Brentano: Gesammelte Schriften. Neun Bände. Hrsg. v. Christian und Emilie Brentano. Frankfurt am Main (Sauerländer) 1852–1855

Barthold Heinrich Brockes (1680–1747): Mondschein. In: Barthold Heinrich Brockes: Irdisches Vergnügen in GOTT, bestehend in Physicalisch– und Moralischen Gedichten. Zweyter Theil. Hamburg (Kißner) 1727

Gottfried August Bürger (1747–1794): Auch ein Lied an den lieben Mond (1778). In: Bürgers Gedichte in zwei Teilen, hrsg. v. Ernst Consentius. Leipzig, Wien, Stuttgart (Bong) 1909

Matthias Claudius (1740–1815): Abendlied (1779). In: ASMUS omnia sua SECUM portans, oder Sämmtliche Werke des Wandsbecker Boten. IV. Theil. Breslau (Löwe) [1783]

Commedian Harmonists: Guter Mond, du gehst so stille (1933). In: Commedian Harmonists: Die grossen Erfolge. EMI Electrola GmbH. CDP 538–1 59861 2. Transkription des Textes: Dirk Heißerer

Annette von Droste-Hülshoff (1797–1848): Mondesaufgang (1846, gekürzt). In: Annette von Droste–Hülshoff: Gesammelte Werke. Hrsg. v. Elisabeth Droste Hülshoff. Nach dem handschriftlichen Nachlaß verglichen und ergänzt, mit Biographie, Einleitung und Anmerkungen versehen von W. Kreiten. Vier Bände. Münster, Paderborn (Schöningh) 1884–1887

Günter Eich (1907–1972): Fragment, dem Mond gewidmet. In: Günter Eich: Abgelegene Gehöfte. Frankfurt am Main (Suhrkamp Verlag) 1968

Joseph von Eichendorff (1788–1857): Nachts (1826); Frühlingsnacht (1837); Mondnacht (um 1830). In: Joseph Freiherr von Eichendorff: Gedichte. Berlin (Duncker & Humblodt) 1837

Johann Wolfgang von Goethe (1749–1832): An den Mond (1770); An den Mond. Spätere Fassung (1776/78); Um Mitternacht (1818); Dem aufgehenden Vollmonde (1828). In: Johann Wolfgang von Goethe: Werke. Hrsg. im Auftrage der Großherzogin Sophie von Sachsen. Weimar (Böhlau) 1887-1919

Oskar Maria Graf (1894–1967): Wenn der Mond aufgeht. In: Anonym [Oskar Maria Graf]: Altmodische Gedichte eines Dutzendmenschen. Frankfurt am Main (Nest Verlag) 1962. Mit freundlicher Erlaubnis des List Verlags, München.

Heinrich Heine (1797–1856): Der Mond ist aufgegangen (1824); Wie des Mondes Abbild zittert

(1830). In: Heinrich Heine: Sämmtliche Werke. Hamburg (Hoffmann & Campe) 1861–1864: Buch der Lieder. Die Heimkehr, 1823/24, Nr. IX; Neue Gedichte, 1844, Neuer Frühling, Nr. XXIII

Dirk Heißerer (geb. 1957): Offenes Etruskergrab (1987). Originalbeitrag.

Hermann Hesse (1877–1962): Frühlingsnacht (1906). In: Hermann Hesse: Die Gedichte. Frankfurt a. M. (Suhrkamp Verlag) 1970

Friedrich Hölderlin (1770–1843): Brot und Wein. (1800/01). In: Friedrich Hölderlin: Gesammelte Werke. Hrsg. v. W. Böhm und Paul Ernst. Drei Bände. Jena, Leipzig (Eugen Diederichs Verlag) 1905

Ludwig Christoph Heinrich Hölty (1748–1776): Die Mainacht (1774). In: Klassische deutsche Dichtung, Band 18: Lyrik, Freiburg (Herder Verlag) 1969

Gottfried Keller (1819–1890): Sonnenuntergang (1888, gekürzt). In: Gottfried Keller: Gesammelte Gedichte. Berlin (Wilhelm Hertz) 1888

Friedrich Gottlieb Klopstock (1724–1803): Die frühen Gräber (1764).In: Klassische deutsche Dichtung, Band 18: Lyrik, Freiburg (Herder Verlag) 1969

Heinrich Lautensack (1881–1919): Abend. In: Heinrich Lautensack: Totentanz. Hrsg. v. Alfred Richard Meyer. Berlin–Wilmersdorf (Meyer) 1923

Hermann von Lingg (1820–1905): Mond im See. In: Hermann von Lingg: Ausgewählte Gedichte. Hrsg. v. Paul Heyse. Stuttgart (Cotta) 1905

Joseph Loew (1785–1809): Romanze (Auszug). In: Zeitschrift für Wissenschaft und Kunst, hrsg. v. Friedrich Ast. Bd. 2, H. 3, 1810

Michelangelo Buonarroti (1475–1564): Mit deinen Augen seh ich süßes Licht (Veggio co' bei vostri occhi un dolore lume). In: Dichtungen des Michelangelo. Übertragen von Rainer Maria Rilke. Leipzig (Insel Verlag) [1936]

Eduard Mörike (1804–1875): Früh im Wagen (1843/46); Um Mitternacht (Oktober 1827). In: Eduard Mörike: Gedichte. Erste Sammlung. Stuttgart / Tübingen (Cotta) 1838, 41867.

Christian Morgenstern (1871–1914): Das Mondschaf. In: Christian Morgenstern: Galgenlieder. Berlin (Cassirer) 1905

Friedrich Nietzsche (1844–1900): Als gestern der Mond aufging (...). In: Friedrich Nietzsche: Also sprach Zarathustra. Ein Buch für Alle und Keinen. Zweiter Teil. Chemnitz (Schmeitzner) 1883

August Graf von Platen (1796–1835): Rückblick (1813). In: August Graf von Platen: Sämtliche Werke. Historisch–kritische Ausgabe mit Einschluß des handschriftlichen Nachlasses. Hrsg. v. M. Koch u. E. Ptzet. Zwölf Bände. Leipzig (Hesse & Becker) 1910

Rainer Maria Rilke (1875–1926): Lied vom Meer (1908). In: Rainer Maria Rilke: Der neuen Gedichte anderer Teil. Leipzig (Insel Verlag) 1908

Friedrich Rückert (1788–1866): Du bist mein Mond, und ich bin deine Erde (um 1820). In: Rückerts Werke. Auswahl in acht Teilen. Hrsg. v. Edgar Groß und Elsa Hertzer. Berlin, Leipzig, Wien, Stuttgart (Bong). Vierter Teil. Erster Bezirk. Erotische Blumenlese aus Dichtern verschiedener Völker und Zeiten, Nr. 4; Wie dir auf nächt'ger Fahrt (...) (um 1836). In: Friedrich Rückert: Die Weisheit des Brahmanen. Ein Lehrgedicht in Bruchstücken. Sechs Bände. Leipzig (Weidmann) 1836–1839. Siebente Stufe: Erkenntnis: Nr. 90; Sonne und Mond (1847). In: Gedichte / von / Friedrich Rückert. Auswahl des Verfassers. Neue Auflage. Frankfurt am Main (J. D. Sauerländer's Verlag) 1847, Sechstes Buch / Haus= und Jahreslieder

Friedrich Schlegel (1772–1829): Abendröte (1801). In: Friedrich Schlegel: Sämmtliche Werke. Zehn Bände. Wien (Mayer) 1822–1825

Arthur Schopenhauer (1788–1860): Warum wirkt der Anblick des Vollmondes so wohlthätig (...). In: Arthur Schopenhauer: Die Welt als Wille und Vorstellung. Zweiter Band. Drittes Buch, Kapitel 30: Vom reinen Subjekt des Erkennens. Leipzig (F. A. Brockhaus) 1859

Friedrich Leopold Graf zu Stolberg (1750–1819): Der Mond. In: Der Göttinger Dichterbund. Hrsg. v. A. Sauer (Kürschners Deutsche National–Literatur, Bd. 50, 2. Abtlg.) Berlin, o. J.

Tanzlied. Baluba. Aus: Drei Negerlieder. Nachdichtungen von Carl Einstein (1916). In: Carl Einstein, Werke. Berliner Ausgabe Bd. 1. Schriften 1907–1918. Berlin (Fannei & Walz Verlag) 1994

Ludwig Tieck (1773–1853): Mondbeglänzte Zaubernacht (Auszug). In: Ludwig Tieck: Kaiser Oktavianus. Ein Lustspiel in zwei Theilen. Jena (Frommann) 1804

Georg Trakl (1887–1914): Der Abend (1914). In: Georg Trakl: Die Dichtungen. Erste Gesamtausgabe. Leipzig (Kurt Wolff) [1917]

Georg von der Vring (1889–1968): Aufgehender Mond (1952). In: Georg von der Vring: Die Gedichte. Gesamtausgabe der veröffentlichten Gedichte und eine Auswahl aus dem Nachlass. Mit einem Nachwort von Christoph Meckel. Herausgegeben von Christiane Peter und Kristian Wachinger. Ebenhausen bei München (Langewiesche–Brandt). Zweite Auflage 1996. Die Überschrift wurde nach der Variante im Gedichtband „Abendfalter. Ausgewählte Gedichte", München (Piper & Co. Verlag) 1952, gewählt. Mit freundlicher Erlaubnis des Langewiesche–Brandt Verlags, Ebenhausen bei München.

Frank Wedekind (1864–1918): Heimweh (1905). In: Frank Wedekind: Die vier Jahreszeiten. Gedichte. Frühling. München (Albert Langen) 1905

Maria Luise Weissmann (1899–1929): Uralt... In: Maria Luise Weissmann: Gesammelte Dichtungen. Pasing (Heinrich F. S. Bachmair) 1932. Rechteinhaber konnten nicht ermittelt werden.

Amselm Spring hat sich als Fotograf mit Arbeiten für den STERN, für GEO, das FAZ–Magazin und viele andere Zeitschriften einen Namen gemacht. Gut fünfzig Bücher sind ausschließlich mit seinen Fotografien bebildert, an vielen anderen hat er mitgewirkt. Manche seiner Bücher sind kontrovers, andere haben rein kommerziellen Charakter, doch alle zeichnen sich durch hohe fotografische Qualität aus.
Daneben malt Anselm Spring, er macht Musik (3 LP´s) und schreibt – sein großer Lebenstraum ist, das Leben im Rahmen eines in sich harmonischen Gesamtkunstwerkes, das alle Aspekte des Lebens einschließt, gestalten zu können.
Die visionäre Darstellung seiner Lebenserfahrungen und –vorstellungen auf multimediale Weise liegt ihm besonders am Herzen, z.B. als Verbindung von Wort, Bild und Ton ausserhalb des filmischen Mediums. In den heutigen Veränderungen der Fotografie durch digitalisierte, elektronische Bildbearbeitung sieht er zwar eine Gefahr, aber auch interessante Möglichkeiten, zu neuen Ufern aufzubrechen.
Anselm Spring lebt, wenn er nicht reist, in den USA und Deutschland. Sein Bildmaterial ist über das SPRINGHILL FARMS Bildarchiv, Deutschland, Tel.: 0 81 94 / 18 90, oder über die Image Bank verfügbar.

Dirk Heißerer (geb. 1957) promovierte nach dem Studium der Germanistik, Philosophie, Kunstgeschichte und Völkerkunde in Bonn und München. Er arbeitete mehrere Jahre als Studienreiseleiter in Italien und konzipierte dabei Reisen aus literarischer Sicht. Seit 1988 veranstaltet er in eigener Regie literarische Spaziergänge und Exkursionen in München und an die oberbayerischen Seen. Der Lehrbeauftragte an der Universität München ist auch als Übersetzer und Herausgeber tätig. Für sein Buch „Wo die Geister wandern. Eine Topographie der Schwabinger Bohéme um 1900“ (München: Eugen Diederichs Verlag, 1993) erhielt er 1993 den Schwabinger Kunstpreis. Sein zweites Buch „Wellen, Wind und Dorfbanditen. Literarische Erkundungen am Starnberger See“ erschien 1995 im Eugen Diederichs Verlag.